TRANZLATY

Sprache ist für alle da

भाषा सभी के लिए है

Die Schöne und das Biest

सौंदर्य और जानवर

Gabrielle-Suzanne Barbot de Villeneuve

Deutsch / हिंदी

Copyright © 2025 Tranzlaty
All rights reserved
Published by Tranzlaty
ISBN: 978-1-80572-012-6
Original text by Gabrielle-Suzanne Barbot de Villeneuve
La Belle et la Bête
First published in French in 1740
Taken from The Blue Fairy Book (Andrew Lang)
Illustration by Walter Crane
www.tranzlaty.com

Es war einmal ein reicher Kaufmann
एक बार एक अमीर व्यापारी था
dieser reiche Kaufmann hatte sechs Kinder
इस अमीर व्यापारी के छह बच्चे थे
Er hatte drei Söhne und drei Töchter
उनके तीन बेटे और तीन बेटियां थीं
Er hat keine Kosten für ihre Ausbildung gescheut
उन्होंने उनकी शिक्षा के लिए कोई खर्च नहीं छोड़ा
weil er ein vernünftiger Mann war
क्योंकि वह समझदार आदमी था
aber er gab seinen Kindern viele Diener
किन्तु उसने अपने बच्चों को बहुत से सेवक दिए
seine Töchter waren überaus hübsch
उनकी बेटियां बेहद सुंदर थीं
und seine jüngste Tochter war besonders hübsch
और उनकी सबसे छोटी बेटी विशेष रूप से सुंदर थी
Schon als Kind wurde ihre Schönheit bewundert
एक बच्चे के रूप में उसकी सुंदरता पहले से ही प्रशंसा की गई थी
und die Leute nannten sie nach ihrer Schönheit
और लोग उसे उसकी सुंदरता से बुलाते थे
Ihre Schönheit verblasste nicht, als sie älter wurde
उम्र बढ़ने के साथ उसकी सुंदरता फीकी नहीं पड़ी
Deshalb nannten die Leute sie weiterhin wegen ihrer Schönheit
इसलिए लोग उसे उसकी सुंदरता से पुकारते रहे
das machte ihre Schwestern sehr eifersüchtig
इससे उसकी बहनों को बहुत जलन होती थी
Die beiden ältesten Töchter waren sehr stolz
दो बड़ी बेटियों को बहुत गर्व था
Ihr Reichtum war die Quelle ihres Stolzes
उनका धन उनके गौरव का स्रोत था

und sie verbargen ihren Stolz nicht
और उन्होंने अपने अभिमान को भी नहीं छिपाया
Sie besuchten nicht die Töchter anderer Kaufleute
वे अन्य व्यापारियों की बेटियों से मिलने नहीं गए
weil sie nur mit Aristokraten zusammentreffen
क्योंकि वे केवल अभिजात वर्ग से मिलते हैं
Sie gingen jeden Tag zu Partys
वे हर दिन पार्टियों में जाते थे
Bälle, Theaterstücke, Konzerte usw.
गेंदों, नाटकों, संगीत कार्यक्रमों, और आगे
und sie lachten über ihre jüngste Schwester
और वे अपनी सबसे छोटी बहन पर हँसे
weil sie die meiste Zeit mit Lesen verbrachte
क्योंकि वह अपना अधिकांश समय पढ़ने में बिताती थी
Es war allgemein bekannt, dass sie reich waren
यह सर्वविदित था कि वे धनी थे
so hielten mehrere bedeutende Kaufleute um ihre Hand an
इसलिए कई प्रतिष्ठित व्यापारियों ने अपना हाथ मांगा
aber sie sagten, sie würden nicht heiraten
लेकिन उन्होंने कहा कि वे शादी नहीं करेंगे
aber sie waren bereit, einige Ausnahmen zu machen
लेकिन वे कुछ अपवाद बनाने के लिए तैयार थे
„Vielleicht könnte ich einen Herzog heiraten"
"शायद मैं एक ड्यूक से शादी कर सकता हूं"
„Ich schätze, ich könnte einen Grafen heiraten"
"मुझे लगता है कि मैं एक अर्ल से शादी कर सकता हूं"
Schönheit dankte sehr höflich denen, die ihr einen Antrag gemacht hatten
ब्यूटी ने बहुत ही सभ्य तरीके से उन लोगों को धन्यवाद दिया जिन्होंने उसे प्रस्ताव दिया
Sie sagte ihnen, sie sei noch zu jung zum Heiraten

उसने उन्हें बताया कि वह अभी भी शादी करने के लिए बहुत छोटी थी
Sie wollte noch ein paar Jahre bei ihrem Vater bleiben
वह अपने पिता के साथ कुछ और साल रहना चाहती थी
Auf einmal verlor der Kaufmann sein Vermögen
एक ही बार में व्यापारी ने अपना भाग्य खो दिया
er verlor alles außer einem kleinen Landhaus
उसने एक छोटे से देश के घर के अलावा सब कुछ खो दिया
und er sagte seinen Kindern mit Tränen in den Augen:
और उसने अपने बच्चों को उसकी आँखों में आँसू के साथ कहा:
„Wir müssen aufs Land gehen"
"हमें ग्रामीण इलाकों में जाना चाहिए"
„und wir müssen für unseren Lebensunterhalt arbeiten"
"और हमें अपने जीवन यापन के लिए काम करना चाहिए"
die beiden ältesten Töchter wollten die Stadt nicht verlassen
दो बड़ी बेटियां शहर नहीं छोड़ना चाहती थीं
Sie hatten mehrere Liebhaber in der Stadt
शहर में उनके कई प्रेमी थे
und sie waren sicher, dass einer ihrer Liebhaber sie heiraten würde
और उन्हें यकीन था कि उनका कोई प्रेमी उनसे शादी करेगा
Sie dachten, ihre Liebhaber würden sie heiraten, auch wenn sie kein Vermögen hätten
उन्होंने सोचा कि उनके प्रेमी बिना किसी भाग्य के भी उनसे शादी करेंगे
aber die guten Damen haben sich geirrt
लेकिन अच्छी महिलाओं को गलत समझा गया
Ihre Liebhaber verließen sie sehr schnell
उनके प्रेमियों ने उन्हें बहुत जल्दी छोड़ दिया
weil sie kein Vermögen mehr hatten
क्योंकि उनके पास अब कोई भाग्य नहीं था
das zeigte, dass sie nicht wirklich beliebt waren

इससे पता चला कि वे वास्तव में अच्छी तरह से पसंद नहीं किए गए थे

alle sagten, sie verdienen kein Mitleid
सभी ने कहा कि वे दया के लायक नहीं हैं
„Wir sind froh, dass ihr Stolz gedemütigt wurde"
"हम उनके गौरव को विनम्र देखकर खुश हैं"
„Lasst sie stolz darauf sein, Kühe zu melken"
"उन्हें गायों का दूध निकालने पर गर्व होना चाहिए"
aber sie waren um Schönheit besorgt
लेकिन वे सुंदरता के लिए चिंतित थे
sie war so ein süßes Geschöpf
वह इतनी प्यारी प्राणी थी
Sie sprach so freundlich zu armen Leuten
वह गरीब लोगों से बहुत प्यार से बात करती थी
und sie war von solch unschuldiger Natur
और वह इतने मासूम स्वभाव की थी
Mehrere Herren hätten sie geheiratet
कई सज्जनों ने उससे शादी की होगी
Sie hätten sie geheiratet, obwohl sie arm war
वे गरीब होते हुए भी उससे शादी कर लेते
aber sie sagte ihnen, sie könne sie nicht heiraten
लेकिन उसने उनसे कहा कि वह उनसे शादी नहीं कर सकती
weil sie ihren Vater nicht verlassen wollte
क्योंकि वह अपने पिता को नहीं छोड़ेगी
sie war entschlossen, mit ihm aufs Land zu fahren
वह उसके साथ ग्रामीण इलाकों में जाने के लिए दृढ़ थी
damit sie ihn trösten und ihm helfen konnte
ताकि वह उसे दिलासा दे सके और उसकी मदद कर सके
Die arme Schönheit war zunächst sehr betrübt
बेचारी ब्यूटी पहले तो बहुत दुखी हुई
sie war betrübt über den Verlust ihres Vermögens

वह अपने भाग्य के नुकसान से दुखी थी
„Aber Weinen wird mein Schicksal nicht ändern"
"लेकिन रोने से मेरी किस्मत नहीं बदलेगी"
„Ich muss versuchen, ohne Reichtum glücklich zu sein"
"मुझे धन के बिना खुद को खुश करने की कोशिश करनी चाहिए"
Sie kamen zu ihrem Landhaus
वे अपने देश के घर में आए
und der Kaufmann und seine drei Söhne widmeten sich der Landwirtschaft
और व्यापारी और उसके तीन बेटों ने खुद को पति के लिए लगाया
Schönheit stand um vier Uhr morgens auf
सुबह चार बजे ब्यूटी उठी
und sie beeilte sich, das Haus zu putzen
और वह जल्दी से घर की सफाई करने लगी
und sie sorgte dafür, dass das Abendessen fertig war
और उसने सुनिश्चित किया कि रात का खाना तैयार था
ihr neues Leben fiel ihr zunächst sehr schwer
शुरुआत में उसे अपना नया जीवन बहुत मुश्किल लगा
weil sie diese Arbeit nicht gewohnt war
क्योंकि उसे इस तरह के काम की आदत नहीं थी
aber in weniger als zwei Monaten wurde sie stärker
लेकिन दो महीने से भी कम समय में वह मजबूत हो गई
und sie war gesünder als je zuvor
और वह पहले से कहीं ज्यादा स्वस्थ थी
nachdem sie ihre arbeit erledigt hatte, las sie
अपना काम करने के बाद उसने पढ़ा
sie spielte Cembalo
वह हार्पसीकोर्ड पर खेलती थी
oder sie sang, während sie Seide spann
या वह रेशम काते समय गाती थी
im Gegenteil, ihre beiden Schwestern wussten nicht, wie sie

ihre Zeit verbringen sollten
इसके विपरीत, उसकी दो बहनों को नहीं पता था कि अपना समय कैसे व्यतीत करना है

Sie standen um zehn auf und taten den ganzen Tag nichts anderes als herumzufaulenzen
वे दस बजे उठे और पूरे दिन आलस्य के अलावा कुछ नहीं किया

Sie beklagten den Verlust ihrer schönen Kleider
उन्होंने अपने अच्छे कपड़ों के खो जाने का शोक व्यक्त किया

und sie beklagten sich über den Verlust ihrer Bekannten
और उन्होंने अपने परिचितों को खोने की शिकायत की

„Schau dir unsere jüngste Schwester an", sagten sie zueinander
"हमारी सबसे छोटी बहन को देखो," उन्होंने एक-दूसरे से कहा

„Was für ein armes und dummes Geschöpf sie ist"
"वह कितना गरीब और बेवकूफ प्राणी है"

„Es ist gemein, mit so wenig zufrieden zu sein"
"इतने कम में संतुष्ट रहना मतलबी है"

der freundliche Kaufmann war ganz anderer Meinung
दयालु व्यापारी काफी अलग राय का था

er wusste sehr wohl, dass Schönheit ihre Schwestern übertraf
वह अच्छी तरह से जानता था कि ब्यूटी अपनी बहनों से आगे निकल जाती है

Sie übertraf sie sowohl charakterlich als auch geistig
उसने उन्हें चरित्र के साथ-साथ दिमाग में भी पछाड़ दिया

er bewunderte ihre Bescheidenheit und ihre harte Arbeit
उन्होंने उनकी विनम्रता और उनकी कड़ी मेहनत की प्रशंसा की

aber am meisten bewunderte er ihre Geduld
लेकिन सबसे ज्यादा उसने उसके धैर्य की प्रशंसा की

Ihre Schwestern überließen ihr die ganze Arbeit
उसकी बहनों ने उसे सारा काम करने के लिए छोड़ दिया

und sie beleidigten sie ständig
और उन्होंने हर पल उसका अपमान किया
Die Familie hatte etwa ein Jahr lang so gelebt
करीब एक साल से परिवार ऐसे ही रह रहा था
dann bekam der Kaufmann einen Brief von einem Buchhalter
तभी व्यापारी को एक लेखपाल का पत्र मिला
er hatte in ein Schiff investiert
उन्होंने एक जहाज में निवेश किया था
und das Schiff war sicher angekommen
और जहाज सुरक्षित रूप से आ गया था
diese Nachricht ließ die beiden ältesten Töchter staunen
इस खबर ने दोनों बड़ी बेटियों के सिर फोड़ दिए
Sie hatten sofort die Hoffnung, in die Stadt zurückzukehren
उन्हें तुरंत शहर लौटने की उम्मीद थी
weil sie des Landlebens überdrüssig waren
क्योंकि वे देश के जीवन से काफी थके हुए थे
Sie gingen zu ihrem Vater, als er ging
वे अपने पिता के पास गए क्योंकि वह जा रहे थे
Sie baten ihn, ihnen neue Kleider zu kaufen
उन्होंने उनसे नए कपड़े खरीदने की भीख मांगी
Kleider, Bänder und allerlei Kleinigkeiten
कपड़े, रिबन, और सभी प्रकार की छोटी चीजें
aber die Schönheit verlangte nichts
लेकिन सुंदरता ने कुछ नहीं मांगा
weil sie dachte, das Geld würde nicht reichen
क्योंकि उसने सोचा था कि पैसा पर्याप्त नहीं होगा
es würde nicht reichen, um alles zu kaufen, was ihre Schwestern wollten
उसकी बहनों को जो कुछ भी चाहिए था उसे खरीदने के लिए पर्याप्त नहीं होगा

„Was möchtest du, Schönheit?", fragte ihr Vater
"तुम क्या पसंद करोगी, सुंदरी?" उसके पिता ने पूछा
"Danke, Vater, dass du so nett bist, an mich zu denken", sagte sie
"धन्यवाद, पिता, मेरे बारे में सोचने के लिए अच्छाई के लिए," उसने कहा
„Vater, sei so freundlich und bring mir eine Rose mit"
"पिताजी, इतनी कृपा करो कि मेरे लिए एक गुलाब लाओ"
„weil hier im Garten keine Rosen wachsen"
"क्योंकि यहाँ बगीचे में गुलाब नहीं उगते"
„und Rosen sind eine Art Rarität"
"और गुलाब एक प्रकार की दुर्लभता है"
Schönheit mochte Rosen nicht wirklich
सुंदरता वास्तव में गुलाब की परवाह नहीं करती थी
sie bat nur um etwas, um ihre Schwestern nicht zu verurteilen
उसने केवल अपनी बहनों की निंदा न करने के लिए कुछ मांगा
aber ihre Schwestern dachten, sie hätte aus anderen Gründen nach Rosen gefragt
लेकिन उसकी बहनों ने सोचा कि उसने अन्य कारणों से गुलाब मांगे
„Sie hat es nur getan, um besonders auszusehen"
"उसने इसे सिर्फ विशेष रूप से देखने के लिए किया"
Der freundliche Mann machte sich auf die Reise
दयालु आदमी अपनी यात्रा पर चला गया
aber als er ankam, stritten sie über die Ware
लेकिन जब वह आया तो उन्होंने माल के बारे में बहस की
und nach viel Ärger kam er genauso arm zurück wie zuvor
और काफी मशक्कत के बाद वह पहले की तरह गरीब होकर वापस आया
er war nur ein paar Stunden von seinem eigenen Haus entfernt

वह अपने घर से कुछ घंटों के भीतर था

und er stellte sich schon die Freude vor, seine Kinder zu sehen

और वह पहले से ही अपने बच्चों को देखने की खुशी की कल्पना करता था

aber als er durch den Wald ging, verirrte er sich

लेकिन जंगल से गुजरते समय वह खो गया

es hat furchtbar geregnet und geschneit

बहुत बारिश हुई और बर्फबारी हुई

der Wind war so stark, dass er ihn vom Pferd warf

हवा इतनी तेज थी कि उसने उसे अपने घोड़े से फेंक दिया

und die Nacht kam schnell

और रात जल्दी आ रही थी

er begann zu glauben, er müsse verhungern

वह सोचने लगा कि वह भूखा मर सकता है

und er dachte, er könnte erfrieren

और उसने सोचा कि वह जम कर मर सकता है

und er dachte, Wölfe könnten ihn fressen

और उसने सोचा कि भेड़िये उसे खा सकते हैं

die Wölfe, die er um sich herum heulen hörte

भेड़ियों है कि वह उसके चारों ओर गरजना सुना

aber plötzlich sah er ein Licht

लेकिन अचानक उसने एक रोशनी देखी

er sah das Licht in der Ferne durch die Bäume

उसने पेड़ों के बीच से कुछ दूरी पर प्रकाश देखा

als er näher kam, sah er, dass das Licht ein Palast war

जब वह करीब गया तो उसने देखा कि प्रकाश एक महल था

der Palast war von oben bis unten beleuchtet

महल ऊपर से नीचे तक जगमगा रहा था

Der Kaufmann dankte Gott für sein Glück

व्यापारी ने भगवान को उसकी किस्मत के लिए धन्यवाद दिया

und er eilte zum Palast
और वह जल्दी से महल की ओर चल पड़ा
aber er war überrascht, keine Leute im Palast zu sehen
लेकिन महल में कोई भी व्यक्ति नहीं देखकर वह हैरान रह गया
der Hof war völlig leer
आंगन पूरी तरह से खाली था
und nirgendwo ein Lebenszeichen
और कहीं भी जीवन का कोई संकेत नहीं था
sein Pferd folgte ihm in den Palast
उसका घोड़ा उसके पीछे-पीछे महल में चला गया
und dann fand sein Pferd großen Stall
और फिर उसके घोड़े को बड़ा अस्तबल मिला
das arme Tier war fast verhungert
बेचारा जानवर लगभग भूखा था
also ging sein Pferd hinein, um Heu und Hafer zu finden
इसलिए उसका घोड़ा घास और जई खोजने के लिए अंदर गया
zum Glück fand er reichlich zu essen
सौभाग्य से उसे खाने के लिए बहुत कुछ मिला
und der Kaufmann band sein Pferd an die Krippe
और व्यापारी ने अपने घोड़े को चरनी से बांध दिया
Als er zum Haus ging, sah er niemanden
घर की ओर चलते हुए उसने देखा कि कोई नहीं है
aber in einer großen Halle fand er ein gutes Feuer
लेकिन एक बड़े हॉल में उसे एक अच्छी आग मिली
und er fand einen Tisch für eine Person gedeckt
और उसे एक के लिए एक टेबल सेट मिला
er war nass vom Regen und Schnee
वह बारिश और बर्फ से भीगा हुआ था
Also ging er zum Feuer, um sich abzutrocknen
इसलिए वह खुद को सुखाने के लिए आग के पास गया
„Ich hoffe, der Hausherr entschuldigt mich"

"मुझे आशा है कि घर के मालिक मुझे क्षमा करेंगे"
„Ich schätze, es wird nicht lange dauern, bis jemand auftaucht."
"मुझे लगता है कि किसी को दिखाई देने में देर नहीं लगेगी"
Er wartete eine beträchtliche Zeit
उन्होंने काफी देर इंतजार किया
er wartete, bis es elf schlug, und noch immer kam niemand
उसने ग्यारह बजने तक इंतजार किया, और फिर भी कोई नहीं आया
Schließlich war er so hungrig, dass er nicht länger warten konnte
अंत में वह इतना भूखा था कि वह अब और इंतजार नहीं कर सकता था
er nahm ein Hühnchen und aß es in zwei Bissen
उसने कुछ चिकन लिया और इसे दो कौर में खाया
er zitterte beim Essen
खाना खाते समय वह कांप रहा था
danach trank er ein paar Gläser Wein
इसके बाद उन्होंने कुछ गिलास शराब पी
Er wurde mutiger und verließ den Saal
और हिम्मत करके वह हॉल से बाहर चला गया
und er durchquerte mehrere große Hallen
और वह कई भव्य हॉल के माध्यम से पार कर गया
Er ging durch den Palast, bis er in eine Kammer kam
वह महल के माध्यम से चला गया जब तक कि वह एक कक्ष में नहीं आया
eine Kammer, in der sich ein überaus gutes Bett befand
एक कक्ष जिसमें एक बहुत अच्छा बिस्तर था
er war von der Tortur sehr erschöpft
वह अपनी परीक्षा से बहुत थक गया था
und es war schon nach Mitternacht
और समय पहले ही आधी रात बीत चुका था

also beschloss er, dass es das Beste sei, die Tür zu schließen
इसलिए उसने फैसला किया कि दरवाजा बंद करना सबसे अच्छा है

und er beschloss, dass er zu Bett gehen sollte
और उसने निष्कर्ष निकाला कि उसे बिस्तर पर जाना चाहिए

Es war zehn Uhr morgens, als der Kaufmann aufwachte
जब व्यापारी उठा तो सुबह के दस बज रहे थे

gerade als er aufstehen wollte, sah er etwas
जैसे ही वह उठने जा रहा था, उसने कुछ देखा

er war erstaunt, saubere Kleidung zu sehen
कपड़ों का एक साफ सेट देखकर वह चकित रह गया

an der Stelle, wo er seine schmutzigen Kleider zurückgelassen hatte
उस जगह पर जहां उसने अपने गंदे कपड़े छोड़े थे

"Mit Sicherheit gehört dieser Palast einer netten Fee"
"निश्चित रूप से यह महल किसी तरह की परी का है"

„eine Fee, die mich gesehen und bemitleidet hat"
"एक परी जिसने मुझे देखा और दया की है"

er sah durch ein Fenster
उसने खिड़की से झांका

aber statt Schnee sah er den herrlichsten Garten
लेकिन बर्फ के बजाय उसने सबसे रमणीय उद्यान देखा

und im Garten waren die schönsten Rosen
और बगीचे में सबसे सुंदर गुलाब थे

dann kehrte er in die große Halle zurück
फिर वह ग्रेट हॉल में लौट आया

der Saal, in dem er am Abend zuvor Suppe gegessen hatte
वह हॉल जहाँ उसने एक रात पहले सूप खाया था

und er fand etwas Schokolade auf einem kleinen Tisch
और उसे एक छोटी सी मेज पर कुछ चॉकलेट मिली

„Danke, liebe Frau Fee", sagte er laut
"धन्यवाद, अच्छा मैडम परी," उन्होंने जोर से कहा

„Danke für Ihre Fürsorge"
"इतनी देखभाल करने के लिए धन्यवाद"

„Ich bin Ihnen für all Ihre Gefälligkeiten äußerst dankbar"
"मैं आपके सभी एहसानों के लिए आपका बेहद आभारी हूं"

Der freundliche Mann trank seine Schokolade
दयालु आदमी ने अपनी चॉकलेट पी ली

und dann ging er sein Pferd suchen
और फिर वह अपने घोड़े की तलाश में चला गया

aber im Garten erinnerte er sich an die Bitte der Schönheit
लेकिन बगीचे में उसे ब्यूटी की रिक्वेस्ट याद आ गई

und er schnitt einen Rosenzweig ab
और उसने गुलाब की एक शाखा काट दी

sofort hörte er ein lautes Geräusch
तुरंत उसने एक बड़ा शोर सुना

und er sah ein furchtbar furchtbares Tier
और उसने एक भयानक भयानक जानवर को देखा

er war so erschrocken, dass er kurz davor war, ohnmächtig zu werden
वह इतना डर गया था कि वह बेहोश होने के लिए तैयार था

„Du bist sehr undankbar", sagte das Tier zu ihm
"तुम बहुत कृतघ्न हो," जानवर ने उससे कहा

und das Tier sprach mit schrecklicher Stimme
और जानवर ने भयानक आवाज में बात की

„Ich habe dein Leben gerettet, indem ich dich in mein Schloss gelassen habe"
"मैंने आपको अपने महल में प्रवेश करने की अनुमति देकर आपकी जान बचाई है"

"und dafür stiehlst du mir im Gegenzug meine Rosen?"
"और इसके बदले में तुम मेरे गुलाब चुराते हो?"

„Die Rosen sind für mich mehr wert als alles andere"
"गुलाब जिसे मैं किसी भी चीज़ से परे महत्व देता हूं"

„Aber du wirst für das, was du getan hast, sterben"
"लेकिन तुमने जो किया है उसके लिए तुम मर जाओगे"
„Ich gebe Ihnen nur eine Viertelstunde, um sich vorzubereiten"
"मैं आपको खुद को तैयार करने के लिए एक घंटे का एक चौथाई समय देता हूं"
„Bereiten Sie sich auf den Tod vor und sprechen Sie Ihre Gebete"
"अपने आप को मौत के लिए तैयार हो जाओ और अपनी प्रार्थना कहो"
der Kaufmann fiel auf die Knie
व्यापारी अपने घुटनों पर गिर गया
und er hob beide Hände
और उसने अपने दोनों हाथ ऊपर उठा दिए
„Mein Herr, ich flehe Sie an, mir zu vergeben"
"मेरे प्रभु, मैं आपसे विनती करता हूं कि मुझे क्षमा करें"
„Ich hatte nicht die Absicht, Sie zu beleidigen"
"मेरा आपको अपमानित करने का कोई इरादा नहीं था"
„Ich habe für eine meiner Töchter eine Rose gepflückt"
"मैंने अपनी बेटियों में से एक के लिए गुलाब इकट्ठा किया"
„Sie bat mich, ihr eine Rose mitzubringen"
"उसने मुझे गुलाब लाने के लिए कहा"
„Ich bin nicht euer Herr, sondern ein Tier", antwortete das Monster
"मैं तुम्हारा स्वामी नहीं हूँ, लेकिन मैं एक जानवर हूँ," राक्षस ने उत्तर दिया
„Ich mag keine Komplimente"
"मुझे तारीफ पसंद नहीं है"
„Ich mag Menschen, die so sprechen, wie sie denken"
"मुझे ऐसे लोग पसंद हैं जो बोलते हैं जैसा वे सोचते हैं"
„glauben Sie nicht, dass ich durch Schmeicheleien bewegt

werden kann"

"कल्पना मत करो कि मुझे चापलूसी से हिलाया जा सकता है"

„Aber Sie sagen, Sie haben Töchter"

"लेकिन आप कहते हैं कि आपको बेटियां मिली हैं"

„Ich werde dir unter einer Bedingung vergeben"

"मैं आपको एक शर्त पर माफ कर दूंगा"

„Eine deiner Töchter muss freiwillig in meinen Palast kommen"

"तुम्हारी बेटियों में से एक को स्वेच्छा से मेरे महल में आना चाहिए"

"und sie muss für dich leiden"

"और उसे तुम्हारे लिए पीड़ित होना चाहिए"

„Gib mir Dein Wort"

"मुझे अपनी बात कहने दो"

„Und dann können Sie Ihren Geschäften nachgehen"

"और फिर आप अपने व्यवसाय के बारे में जा सकते हैं"

„Versprich mir das:"

"मुझसे यह वादा करो:"

„Wenn Ihre Tochter sich weigert, für Sie zu sterben, müssen Sie innerhalb von drei Monaten zurückkehren"

"अगर आपकी बेटी आपके लिए मरने से इनकार करती है, तो आपको तीन महीने के भीतर वापस आना होगा"

der Kaufmann hatte nicht die Absicht, seine Töchter zu opfern

व्यापारी का अपनी बेटियों की बलि देने का कोई इरादा नहीं था

aber da ihm Zeit gegeben wurde, wollte er seine Töchter noch einmal sehen

लेकिन, चूंकि उन्हें समय दिया गया था, इसलिए वह अपनी बेटियों को एक बार फिर देखना चाहते थे

also versprach er, dass er zurückkehren würde

इसलिए उसने वादा किया कि वह वापस आएगा

und das Tier sagte ihm, er könne aufbrechen, wann er wolle

और जानवर ने उससे कहा कि वह जब चाहे तब निकल सकता है
und das Tier erzählte ihm noch etwas
और जानवर ने उसे एक और बात बताई
„Du sollst nicht mit leeren Händen gehen"
"आप खाली हाथ नहीं जाएंगे"
„Geh zurück in das Zimmer, in dem du lagst"
"उस कमरे में वापस जाओ जहाँ तुम लेटे हो"
„Sie werden eine große leere Schatzkiste sehen"
"आप एक महान खाली खजाने की छाती देखेंगे"
„Fülle die Schatzkiste mit allem, was Dir am besten gefällt"
"खजाने की छाती को जो कुछ भी आपको सबसे अच्छा लगता है उससे भरें"
„und ich werde die Schatzkiste zu Dir nach Hause schicken"
"और मैं खजाने को तुम्हारे घर भेज दूंगा"
und gleichzeitig zog sich das Tier zurück
और उसी समय जानवर पीछे हट गया
„Nun", sagte sich der gute Mann
"ठीक है," अच्छे आदमी ने खुद से कहा
„Wenn ich sterben muss, werde ich meinen Kindern wenigstens etwas hinterlassen"
"अगर मुझे मरना ही है, तो मैं कम से कम अपने बच्चों के लिए कुछ छोड़ दूंगा।
so kehrte er ins Schlafzimmer zurück
इसलिए वह शयनकक्ष में लौट आया
und er fand sehr viele Goldstücke
और उसे सोने के बहुत से टुकड़े मिले
er füllte die Schatzkiste, die das Tier erwähnt hatte
उसने उस खजाने को भर दिया जिसका उल्लेख जानवर ने किया था
und er holte sein Pferd aus dem Stall
और वह अपने घोड़े को अस्तबल से बाहर ले गया
die Freude, die er beim Betreten des Palastes empfand, war

nun genauso groß wie die Trauer, die er beim Verlassen des Palastes empfand
महल में प्रवेश करते समय उसे जो खुशी महसूस हुई, वह अब उस दुःख के बराबर थी जो उसने इसे छोड़ने के लिए महसूस किया था
Das Pferd nahm einen der Wege im Wald
घोड़े ने जंगल की सड़कों में से एक ले लिया
und in wenigen Stunden war der gute Mann zu Hause
और कुछ ही घंटों में अच्छा आदमी घर था
seine Kinder kamen zu ihm
उसके बच्चे उसके पास आए
aber anstatt ihre Umarmungen mit Freude entgegenzunehmen, sah er sie an
लेकिन खुशी के साथ उनके आलिंगन प्राप्त करने के बजाय, उसने उन्हें देखा
er hielt den Ast hoch, den er in den Händen hielt
उसने अपने हाथों में जो शाखा थी उसे पकड़ लिया
und dann brach er in Tränen aus
और फिर वह फूट-फूटकर रोने लगा
„Schönheit", sagte er, „nimm bitte diese Rosen"
"सुंदरता," उन्होंने कहा, "कृपया इन गुलाबों को ले लो"
„Sie können nicht wissen, wie teuer diese Rosen waren"
"आप नहीं जान सकते कि ये गुलाब कितने महंगे हैं"
„Diese Rosen haben deinen Vater das Leben gekostet"
"इन गुलाबों ने आपके पिता को अपना जीवन दिया है"
und dann erzählte er von seinem tödlichen Abenteuer
और फिर उसने अपने घातक साहसिक कार्य के बारे में बताया
Sofort schrien die beiden ältesten Schwestern
तुरंत दोनों बड़ी बहनें चिल्ला उठीं
und sie sagten viele gemeine Dinge zu ihrer schönen Schwester
और उन्होंने अपनी खूबसूरत बहन से बहुत सी मतलबी बातें कहीं

aber die Schönheit weinte überhaupt nicht
लेकिन ब्यूटी बिल्कुल नहीं रोई
„Seht euch den Stolz dieses kleinen Schurken an", sagten sie
"उस छोटे से अभागे के गर्व को देखो," उन्होंने कहा
„Sie hat nicht nach schönen Kleidern gefragt"
"उसने अच्छे कपड़े नहीं मांगे"
„Sie hätte tun sollen, was wir getan haben"
"उसे वही करना चाहिए था जो हमने किया था"
„Sie wollte sich hervortun"
"वह खुद को अलग करना चाहती थी"
„so wird sie nun den Tod unseres Vaters bedeuten"
"तो अब वह हमारे पिता की मृत्यु होगी"
„und doch vergießt sie keine Träne"
"और फिर भी वह एक आंसू नहीं बहाती"
"Warum sollte ich weinen?", antwortete die Schönheit
"मैं क्यों रोऊँ?" सुंदरी ने जवाब दिया
„Weinen wäre völlig unnötig"
"रोना बहुत अनावश्यक होगा"
„Mein Vater wird nicht für mich leiden"
"मेरे पिता मेरे लिए पीड़ित नहीं होंगे"
„Das Monster wird eine seiner Töchter akzeptieren"
"राक्षस अपनी बेटियों में से एक को स्वीकार करेगा"
„Ich werde mich seiner ganzen Wut aussetzen"
"मैं अपने आप को उसके सभी रोष के लिए पेश करूंगा"
„Ich bin sehr glücklich, denn mein Tod wird das Leben meines Vaters retten"
"मैं बहुत खुश हूं, क्योंकि मेरी मृत्यु मेरे पिता के जीवन को बचाएगी"
„Mein Tod wird ein Beweis meiner Liebe sein"
"मेरी मौत मेरे प्यार का सबूत होगी"
„Nein, Schwester", sagten ihre drei Brüder

"नहीं, बहन," उसके तीन भाइयों ने कहा
„das darf nicht sein"
"ऐसा नहीं होगा"
„Wir werden das Monster finden"
"हम राक्षस को खोजने जाएंगे"
"und entweder wir werden ihn töten..."
"और या तो हम उसे मार देंगे ..."
„... oder wir werden bei dem Versuch umkommen"
"... या हम प्रयास में नष्ट हो जाएंगे"
„Stellt euch nichts dergleichen vor, meine Söhne", sagte der Kaufmann
"ऐसी किसी बात की कल्पना मत करो, मेरे बेटे," व्यापारी ने कहा
„Die Kraft des Biests ist so groß, dass ich keine Hoffnung habe, dass Ihr es besiegen könntet."
"जानवर की शक्ति इतनी महान है कि मुझे कोई उम्मीद नहीं है कि आप उसे दूर कर सकते हैं।
„Ich bin entzückt von dem freundlichen und großzügigen Angebot der Schönheit"
"मैं सौंदर्य की तरह और उदार प्रस्ताव से मंत्रमुग्ध हूं"
„aber ich kann ihre Großzügigkeit nicht annehmen"
"लेकिन मैं उसकी उदारता को स्वीकार नहीं कर सकता"
„Ich bin alt und habe nicht mehr lange zu leben"
"मैं बूढ़ा हूँ, और मेरे पास जीने के लिए लंबा समय नहीं है।
„also kann ich nur ein paar Jahre verlieren"
"तो मैं केवल कुछ साल खो सकता हूं"
„Zeit, die ich für euch bereue, meine lieben Kinder"
"समय जो मुझे आपके लिए खेद है, मेरे प्यारे बच्चों"
„Aber Vater", sagte die Schönheit
"लेकिन पिताजी," ब्यूटी ने कहा
„Du sollst nicht ohne mich in den Palast gehen"
"तुम मेरे बिना महल में नहीं जाओगे"

„Du kannst mich nicht davon abhalten, dir zu folgen"
"आप मुझे अपने पीछे आने से नहीं रोक सकते"
nichts könnte Schönheit vom Gegenteil überzeugen
कुछ भी सौंदर्य को अन्यथा मना नहीं सकता था
Sie bestand darauf, in den schönen Palast zu gehen
उसने ललित महल में जाने की जिद की
und ihre Schwestern waren erfreut über ihre Beharrlichkeit
और उसकी बहनें उसकी जिद पर खुश थीं
Der Kaufmann war besorgt bei dem Gedanken, seine Tochter zu verlieren
व्यापारी अपनी बेटी को खोने के विचार से चिंतित था
er war so besorgt, dass er die Truhe voller Gold vergessen hatte
वह इतना चिंतित था कि वह सोने से भरे संदूक के बारे में भूल गया था
Abends begab er sich zur Ruhe und schloss die Tür seines Zimmers.
रात में वह आराम करने के लिए सेवानिवृत्त हुए, और उन्होंने अपने कक्ष का दरवाजा बंद कर दिया
Dann fand er zu seinem großen Erstaunen den Schatz neben seinem Bett.
फिर, अपने महान आश्चर्य के लिए, वह अपने बिस्तर के पास खजाना पाया
er war entschlossen, es seinen Kindern nicht zu erzählen
उसने ठान लिया था कि वह अपने बच्चों को नहीं बताएगा
Wenn sie es gewusst hätten, wären sie in die Stadt zurückgekehrt
अगर उन्हें पता होता, तो वे शहर लौटना चाहते
und er war entschlossen, das Land nicht zu verlassen
और उसने ठान लिया था कि वह देहात को न छोड़ेगा
aber er vertraute der Schönheit das Geheimnis

लेकिन उसने रहस्य के साथ सौंदर्य पर भरोसा किया
Sie teilte ihm mit, dass zwei Herren gekommen seien
उसने उसे बताया कि दो सज्जन आए हैं
und sie machten ihren Schwestern einen Heiratsantrag
और उन्होंने अपनी बहनों को प्रस्ताव दिया
Sie bat ihren Vater, ihrer Heirat zuzustimmen
उसने अपने पिता से उनकी शादी के लिए सहमति देने की भीख मांगी
und sie bat ihn, ihnen etwas von seinem Vermögen zu geben
और उसने उसे अपने भाग्य में से कुछ देने के लिए कहा
sie hatte ihnen bereits vergeben
उसने उन्हें पहले ही माफ कर दिया था
Die bösen Kreaturen rieben ihre Augen mit Zwiebeln
दुष्ट प्राणियों ने प्याज से अपनी आँखें मलीं
um beim Abschied von der Schwester ein paar Tränen zu vergießen
कुछ आँसू मजबूर करने के लिए जब वे अपनी बहन के साथ भाग गए
aber ihre Brüder waren wirklich besorgt
लेकिन उसके भाई वास्तव में चिंतित थे
Schönheit war die einzige, die keine Tränen vergoss
सुंदरता ही थी जिसने कोई आँसू नहीं बहाए
sie wollte ihr Unbehagen nicht vergrößern
वह उनकी बेचैनी नहीं बढ़ाना चाहती थी
Das Pferd nahm den direkten Weg zum Palast
घोड़े ने महल के लिए सीधी सड़क ली
und gegen Abend sahen sie den erleuchteten Palast
और शाम को उन्होंने जगमगाते महल को देखा
das Pferd begab sich wieder in den Stall
घोड़ा खुद को फिर से अस्तबल में ले गया
und der gute Mann und seine Tochter gingen in die große Halle

और भला आदमी और उसकी बेटी बड़े हॉल में गए
hier fanden sie einen herrlich gedeckten Tisch
यहां उन्हें एक टेबल शानदार ढंग से परोसी गई मिली
der Kaufmann hatte keinen Appetit zu essen
व्यापारी को खाने की भूख नहीं थी
aber die Schönheit bemühte sich, fröhlich zu erscheinen
लेकिन ब्यूटी ने हंसमुख दिखने की कोशिश की
sie setzte sich an den Tisch und half ihrem Vater
वह मेज पर बैठ गई और अपने पिता की मदद की
aber sie dachte auch bei sich:
लेकिन उसने खुद को भी सोचा:
„Das Biest will mich sicher mästen, bevor es mich frisst"
"जानवर निश्चित रूप से मुझे खाने से पहले मुझे मोटा करना चाहता है"
„deshalb sorgt er für so viel Unterhaltung"
"यही कारण है कि वह इस तरह के भरपूर मनोरंजन प्रदान करता है"
Nachdem sie gegessen hatten, hörten sie ein großes Geräusch
खाना खाने के बाद उन्होंने बड़ा शोर सुना
und der Kaufmann verabschiedete sich mit Tränen in den Augen von seinem unglücklichen Kind
और व्यापारी ने अपने दुर्भाग्यपूर्ण बच्चे को विदाई दी, उसकी आँखों में आँसू के साथ
weil er wusste, dass das Biest kommen würde
क्योंकि वह जानता था कि जानवर आ रहा था
Die Schönheit war entsetzt über seine schreckliche Gestalt
उसके भयानक रूप से सौंदर्य घबरा गया
aber sie nahm ihren Mut zusammen, so gut sie konnte
लेकिन उसने साहस के रूप में अच्छी तरह से वह कर सकती थी
und das Monster fragte sie, ob sie freiwillig mitkäme
और राक्षस ने उससे पूछा कि क्या वह स्वेच्छा से आई है

"ja, ich bin freiwillig gekommen", sagte sie zitternd
"हाँ, मैं स्वेच्छा से आई हूँ," उसने कांपते हुए कहा
Das Tier antwortete: „Du bist sehr gut"
जानवर ने जवाब दिया, "तुम बहुत अच्छे हो"
„und ich bin Ihnen zu großem Dank verpflichtet, ehrlicher Mann"
"और मैं तुम्हारा बहुत आभारी हूं; ईमानदार आदमी"
„Geht morgen früh eure Wege"
"कल सुबह अपने रास्ते जाओ"
„aber denk nie daran, wieder hierher zu kommen"
"लेकिन फिर कभी यहां आने के बारे में मत सोचो"
„Lebe wohl, Schönheit, lebe wohl, Biest", antwortete er
"अलविदा सौंदर्य, विदाई जानवर," उन्होंने जवाब दिया
und sofort zog sich das Monster zurück
और तुरंत राक्षस पीछे हट गया
"Oh, Tochter", sagte der Kaufmann
"ओह, बेटी," व्यापारी ने कहा
und er umarmte seine Tochter noch einmal
और उसने अपनी बेटी को एक बार फिर गले लगा लिया
„Ich habe fast Todesangst"
"मैं लगभग मौत से डरता हूं"
„glauben Sie mir, Sie sollten lieber zurückgehen"
"मेरा विश्वास करो, बेहतर होगा कि तुम वापस चले जाओ"
„Lass mich hier bleiben, statt dir"
"मुझे यहाँ रहने दो, तुम्हारे बजाय"
„Nein, Vater", sagte die Schönheit entschlossen
"नहीं, पिताजी," ब्यूटी ने दृढ़ स्वर में कहा
„Du sollst morgen früh aufbrechen"
"तुम कल सुबह निकलोगे"
„überlasse mich der Obhut und dem Schutz der Vorsehung"
"मुझे प्रोविडेंस की देखभाल और सुरक्षा के लिए छोड़ दो"

trotzdem gingen sie zu Bett
फिर भी वे बिस्तर पर चले गए
Sie dachten, sie würden die ganze Nacht kein Auge zutun
उन्होंने सोचा कि वे पूरी रात अपनी आँखें बंद नहीं करेंगे
aber als sie sich hinlegten, schliefen sie ein
लेकिन जैसे ही वे लेट गए, वे सो गए
Die Schönheit träumte, eine schöne Dame kam und sagte zu ihr:
सौंदर्य ने सपना देखा कि एक अच्छी महिला आई और उससे कहा:
„Ich bin zufrieden, Schönheit, mit deinem guten Willen"
"मैं संतुष्ट हूं, सौंदर्य, आपकी अच्छी इच्छा के साथ"
„Diese gute Tat von Ihnen wird nicht unbelohnt bleiben"
"आपका यह अच्छा कार्य पुरस्कृत नहीं होगा"
Die Schöne erwachte und erzählte ihrem Vater ihren Traum
ब्यूटी ने जागकर अपने पिता को अपना सपना बताया
der Traum tröstete ihn ein wenig
सपना ने उसे थोड़ा आराम देने में मदद की
aber er konnte nicht anders, als bitterlich zu weinen, als er ging
लेकिन वह जाते समय फूट-फूट कर रोने से खुद को रोक नहीं सका
Sobald er weg war, setzte sich Schönheit in die große Halle und weinte ebenfalls
जैसे ही वह चला गया, ब्यूटी भी बड़े हॉल में बैठ गई और रोने लगी
aber sie beschloss, sich keine Sorgen zu machen
लेकिन उसने असहज न होने का संकल्प लिया
Sie beschloss, in der kurzen Zeit, die ihr noch zu leben blieb, stark zu sein
उसने जीने के लिए बचे थोड़े समय के लिए मजबूत होने का फैसला किया
weil sie fest davon überzeugt war, dass das Biest sie fressen würde

क्योंकि उसे दृढ़ विश्वास था कि जानवर उसे खा जाएगा
Sie dachte jedoch, sie könnte genauso gut den Palast erkunden
हालाँकि, उसने सोचा कि वह महल का पता लगा सकती है
und sie wollte das schöne Schloss besichtigen
और वह बढ़िया महल देखना चाहती थी
ein Schloss, das sie bewundern musste
एक महल जिसे वह निहारने में मदद नहीं कर सका
Es war ein wunderbar angenehmer Palast
यह एक सुखद सुखद महल था
und sie war äußerst überrascht, als sie eine Tür sah
और वह एक दरवाजा देखकर बेहद हैरान थी
und über der Tür stand, dass es ihr Zimmer sei
और दरवाजे पर लिखा था कि यह उसका कमरा था
sie öffnete hastig die Tür
उसने जल्दी से दरवाजा खोला
und sie war ganz geblendet von der Pracht des Raumes
और वह कमरे की भव्यता से काफी चकाचौंध थी
was ihre Aufmerksamkeit vor allem auf sich zog, war eine große Bibliothek
जिस चीज ने मुख्य रूप से उसका ध्यान खींचा वह एक बड़ा पुस्तकालय था
ein Cembalo und mehrere Notenbücher
एक हार्पसीकोर्ड और कई संगीत पुस्तकें
„Nun", sagte sie zu sich selbst
"ठीक है," उसने खुद से कहा
„Ich sehe, das Biest wird meine Zeit nicht verstreichen lassen"
"मैं देख रहा हूं कि जानवर मेरा समय भारी नहीं होने देगा"
dann dachte sie über ihre Situation nach
फिर उसने अपनी स्थिति के बारे में खुद को प्रतिबिंबित किया

„Wenn ich einen Tag bleiben sollte, wäre das alles nicht hier"
"अगर मुझे एक दिन रुकना होता तो यह सब यहाँ नहीं होता"
diese Überlegung gab ihr neuen Mut
इस विचार ने उसे नए साहस के साथ प्रेरित किया
und sie nahm ein Buch aus ihrer neuen Bibliothek
और उसने अपनी नई लाइब्रेरी से एक किताब ली
und sie las diese Worte in goldenen Buchstaben:
और उसने इन शब्दों को सुनहरे अक्षरों में पढ़ा:
„Begrüße Schönheit, vertreibe die Angst"
"सौंदर्य का स्वागत है, डर को दूर करें"
„Du bist hier Königin und Herrin"
"आप यहाँ रानी और मालकिन हैं"
„Sprich deine Wünsche aus, sprich deinen Willen aus"
"अपनी इच्छा बोलो, अपनी इच्छा बोलो"
„Schneller Gehorsam begegnet hier Ihren Wünschen"
"स्विफ्ट आज्ञाकारिता यहां आपकी इच्छाओं को पूरा करती है"
"Ach", sagte sie mit einem Seufzer
"काश," उसने एक आह भरते हुए कहा
„Am meisten wünsche ich mir, meinen armen Vater zu sehen"
"सबसे ज्यादा मैं अपने गरीब पिता को देखना चाहता हूं"
„und ich würde gerne wissen, was er tut"
"और मैं जानना चाहूंगा कि वह क्या कर रहा है"
Kaum hatte sie das gesagt, bemerkte sie den Spiegel
यह कहते ही उसकी नजर आईना पर पड़ी
zu ihrem großen Erstaunen sah sie ihr eigenes Zuhause im Spiegel
उसे महान आश्चर्य करने के लिए वह दर्पण में अपने ही घर देखा
Ihr Vater kam emotional erschöpft an
उसके पिता भावनात्मक रूप से थक गए थे

Ihre Schwestern gingen ihm entgegen
उसकी बहनें उससे मिलने गई थीं
trotz ihrer Versuche, traurig zu wirken, war ihre Freude sichtbar
दुःखी दिखने के उनके प्रयासों के बावजूद, उनकी खुशी दिखाई दे रही थी
einen Moment später war alles verschwunden
थोड़ी देर बाद सब गायब हो गया
und auch die Befürchtungen der Schönheit verschwanden
और सौंदर्य की आशंकाएं भी गायब हो गईं
denn sie wusste, dass sie dem Tier vertrauen konnte
क्योंकि वह जानती थी कि वह जानवर पर भरोसा कर सकती है
Mittags fand sie das Abendessen fertig
दोपहर में उसने रात का खाना तैयार पाया
sie setzte sich an den Tisch
वह खुद मेज पर बैठ गई
und sie wurde mit einem Musikkonzert unterhalten
और संगीत के एक संगीत कार्यक्रम के साथ उसका मनोरंजन किया गया
obwohl sie niemanden sehen konnte
हालांकि वह किसी को नहीं देख सकता था
abends setzte sie sich wieder zum Abendessen
रात को वह फिर से रात के खाने के लिए बैठ गई
diesmal hörte sie das Geräusch, das das Tier machte
इस बार उसने जानवर द्वारा किए गए शोर को सुना
und sie konnte nicht anders, als Angst zu haben
और वह भयभीत होने में मदद नहीं कर सका
"Schönheit", sagte das Monster
"सुंदरता," राक्षस ने कहा
"erlaubst du mir, mit dir zu essen?"
"क्या आप मुझे अपने साथ खाने की अनुमति देते हैं?

"Mach, was du willst", antwortete die Schönheit zitternd
"जैसा चाहो वैसा करो," ब्यूटी ने कांपते हुए जवाब दिया

„Nein", antwortete das Tier
"नहीं," जानवर ने जवाब दिया

„Du allein bist hier die Herrin"
"आप ही यहाँ मालकिन हैं"

„Sie können mich wegschicken, wenn ich Ärger mache"
"अगर मुझे परेशानी हो तो आप मुझे दूर भेज सकते हैं"

„schick mich fort, und ich werde mich sofort zurückziehen"
"मुझे दूर भेज दो और मैं तुरंत वापस ले लूंगा"

„Aber sagen Sie mir: Finden Sie mich nicht sehr hässlich?"
"लेकिन, मुझे बताओ; क्या तुम्हें नहीं लगता कि मैं बहुत बदसूरत हूँ?

„Das stimmt", sagte die Schönheit
"यह सच है," ब्यूटी ने कहा

„Ich kann nicht lügen"
'मैं झूठ नहीं बोल सकता'

„aber ich glaube, Sie sind sehr gutmütig"
"लेकिन मेरा मानना है कि आप बहुत अच्छे स्वभाव के हैं"

„Das bin ich tatsächlich", sagte das Monster
"मैं वास्तव में हूँ," राक्षस ने कहा

„Aber abgesehen von meiner Hässlichkeit habe ich auch keinen Verstand"
"लेकिन मेरी कुरूपता के अलावा, मुझे भी कोई मतलब नहीं है"

„Ich weiß sehr wohl, dass ich ein dummes Wesen bin"
"मैं अच्छी तरह जानता हूं कि मैं एक मूर्ख प्राणी हूं।

„Es ist kein Zeichen von Torheit, so zu denken", antwortete die Schönheit
"ऐसा सोचना मूर्खता का कोई संकेत नहीं है," ब्यूटी ने जवाब दिया

„Dann iss, Schönheit", sagte das Monster
"तो खाओ, सुंदरी," राक्षस ने कहा

„Versuchen Sie, sich in Ihrem Palast zu amüsieren"

"अपने महल में खुद को खुश करने की कोशिश करो"
"alles hier gehört dir"
"यहाँ सब कुछ तुम्हारा है"
„Und ich wäre sehr unruhig, wenn Sie nicht glücklich wären"
"और अगर आप खुश नहीं थे तो मैं बहुत असहज हो जाऊंगा"
„Sie sind sehr zuvorkommend", antwortete die Schönheit
"आप बहुत उपकृत हैं," सौंदर्य ने उत्तर दिया
„Ich gebe zu, ich freue mich über Ihre Freundlichkeit"
"मैं मानता हूं कि मैं आपकी दयालुता से प्रसन्न हूं"
„Und wenn ich über deine Freundlichkeit nachdenke, fallen mir deine Missbildungen kaum auf"
"और जब मैं आपकी दयालुता पर विचार करता हूं, तो मैं शायद ही आपकी विकृतियों को नोटिस करता हूं"
„Ja, ja", sagte das Tier, „mein Herz ist gut
"हाँ, हाँ," जानवर ने कहा, "मेरा दिल अच्छा है
„Aber obwohl ich gut bin, bin ich immer noch ein Monster"
"हालांकि मैं अच्छा हूं, मैं अभी भी एक राक्षस हूं।
„Es gibt viele Männer, die diesen Namen mehr verdienen als Sie."
"ऐसे कई पुरुष हैं जो आपसे ज्यादा उस नाम के लायक हैं।
„und ich bevorzuge dich, so wie du bist"
"और मैं आपको वैसे ही पसंद करता हूं जैसे आप हैं"
„und ich ziehe dich denen vor, die ein undankbares Herz verbergen"
"और मैं आपको उन लोगों से अधिक पसंद करता हूं जो एक कृतघ्न दिल को छिपाते हैं।
"Wenn ich nur etwas Verstand hätte", antwortete das Biest
"काश मुझे कुछ समझ होती," जानवर ने जवाब दिया
„Wenn ich vernünftig wäre, würde ich Ihnen als Dank ein schönes Kompliment machen"

"अगर मुझे समझ में आता तो मैं आपको धन्यवाद देने के लिए एक अच्छी तारीफ करता"
"aber ich bin so langweilig"
"लेकिन मैं बहुत सुस्त हूँ"
„Ich kann nur sagen, dass ich Ihnen zu großem Dank verpflichtet bin"
"मैं केवल इतना कह सकता हूं कि मैं आपका बहुत आभारी हूं"
Schönheit aß ein herzhaftes Abendessen
सुंदरता ने खाया दिल का खाना
und sie hatte ihre Angst vor dem Monster fast überwunden
और उसने राक्षस के अपने भय पर लगभग विजय प्राप्त कर ली थी
aber sie wollte ohnmächtig werden, als das Biest ihr die nächste Frage stellte
लेकिन जब जानवर ने उससे अगला सवाल पूछा तो वह बेहोश हो जाना चाहती थी
"Schönheit, willst du meine Frau werden?"
"सुंदरी, क्या तुम मेरी पत्नी बनोगी?
es dauerte eine Weile, bis sie antworten konnte
जवाब देने से पहले उसने कुछ समय लिया
weil sie Angst hatte, ihn wütend zu machen
क्योंकि वह उसे गुस्सा दिलाने से डरती थी
Schließlich sagte sie jedoch "nein, Biest"
अंत में, हालांकि, उसने कहा "नहीं, जानवर"
sofort zischte das arme Monster ganz fürchterlich
तुरंत गरीब राक्षस बहुत भयावह रूप से फुफकार उठा
und der ganze Palast hallte
और पूरा महल गूंज उठा
aber die Schönheit erholte sich bald von ihrem Schrecken
लेकिन ब्यूटी जल्द ही अपने डर से उबर गई
denn das Tier sprach wieder mit trauriger Stimme
क्योंकि बीस्ट ने फिर से शोकाकुल आवाज में बात की

„Dann leb wohl, Schönheit"
"फिर अलविदा, सौंदर्य"
und er drehte sich nur ab und zu um
और वह केवल अब और फिर वापस कर दिया
um sie anzusehen, als er hinausging
बाहर जाते हुए उसे देखने के लिए
jetzt war die Schönheit wieder allein
अब ब्यूटी फिर से अकेली थी
Sie empfand großes Mitgefühl
उसे बहुत करुणा महसूस हुई
„Ach, es ist tausendmal schade"
"काश, यह एक हजार दया है"
„Etwas, das so gutmütig ist, sollte nicht so hässlich sein"
"कुछ भी इतना अच्छा स्वभाव इतना बदसूरत नहीं होना चाहिए"
Schönheit verbrachte drei Monate sehr zufrieden im Palast
सुंदरी ने महल में तीन महीने बहुत संतोष से बिताए
jeden Abend stattete ihr das Biest einen Besuch ab
हर शाम जानवर उसे एक यात्रा का भुगतान किया
und sie redeten beim Abendessen
और वे रात के खाने के दौरान बात करते थे
Sie sprachen mit gesundem Menschenverstand
उन्होंने सामान्य ज्ञान के साथ बात की
aber sie sprachen nicht mit dem, was man als geistreich bezeichnet
लेकिन उन्होंने उस बात के साथ बात नहीं की जिसे लोग गवाह कहते हैं
Schönheit entdeckte immer einen wertvollen Charakter im Biest
सौंदर्य ने हमेशा जानवर में कुछ मूल्यवान चरित्र की खोज की
und sie hatte sich an seine Missbildung gewöhnt
और उसे उसकी विकृति की आदत हो गई थी

sie fürchtete sich nicht mehr vor seinem Besuch
वह अब अपनी यात्रा के समय से नहीं डरती थी
jetzt schaute sie oft auf die Uhr
अब वह अक्सर अपनी घड़ी की ओर देखती थी
und sie konnte es kaum erwarten, bis es neun Uhr war
और वह नौ बजे होने का इंतजार नहीं कर सकती थी
denn das Tier kam immer zu dieser Stunde
क्योंकि जानवर उस समय आने से कभी नहीं चूका
Es gab nur eine Sache, die Schönheit betraf
केवल एक चीज थी जो सौंदर्य से संबंधित थी
jeden Abend, bevor sie ins Bett ging, stellte ihr das Biest die gleiche Frage
हर रात बिस्तर पर जाने से पहले जानवर उससे एक ही सवाल पूछता था
Das Monster fragte sie, ob sie seine Frau werden wolle
राक्षस ने उससे पूछा कि क्या वह उसकी पत्नी होगी
Eines Tages sagte sie zu ihm: „Biest, du machst mir große Sorgen."
एक दिन उसने उससे कहा, "जानवर, तुम मुझे बहुत असहज करते हो।
„Ich wünschte, ich könnte einwilligen, dich zu heiraten"
"काश मैं तुमसे शादी करने के लिए सहमति दे पाता"
„Aber ich bin zu aufrichtig, um dir zu glauben zu machen, dass ich dich heiraten würde"
"लेकिन मैं आपको विश्वास दिलाने के लिए बहुत ईमानदार हूं कि मैं आपसे शादी करूंगा"
„Unsere Ehe wird nie stattfinden"
"हमारी शादी कभी नहीं होगी"
„Ich werde dich immer als Freund sehen"
"मैं आपको हमेशा एक दोस्त के रूप में देखूंगा"
„Bitte versuchen Sie, damit zufrieden zu sein"

"कृपया इससे संतुष्ट होने का प्रयास करें"
„Damit muss ich zufrieden sein", sagte das Tier
"मुझे इससे संतुष्ट होना चाहिए," जानवर ने कहा
„Ich kenne mein eigenes Unglück"
"मैं अपने दुर्भाग्य को जानता हूं"
„aber ich liebe dich mit der zärtlichsten Zuneigung"
"लेकिन मैं आपको सबसे कोमल स्नेह के साथ प्यार करता हूं"
„Ich sollte mich jedoch als glücklich betrachten"
"हालांकि, मुझे खुद को खुश समझना चाहिए"
"und ich würde mich freuen, wenn du hier bleibst"
"और मुझे खुश होना चाहिए कि आप यहाँ रहेंगे"
„versprich mir, mich nie zu verlassen"
"वादा करो कि मैं कभी मुझे छोड़कर नहीं जाऊंगा"
Schönheit errötete bei diesen Worten
इन शब्दों पर ब्यूटी शरमा गई
Eines Tages schaute die Schönheit in ihren Spiegel
एक दिन ब्यूटी अपने आईने में देख रही थी
ihr Vater hatte sich schreckliche Sorgen um sie gemacht
उसके पिता ने खुद को उसके लिए बीमार कर दिया था
sie sehnte sich mehr denn je danach, ihn wiederzusehen
वह उसे फिर से पहले से कहीं ज्यादा देखने के लिए तरस रही थी
„Ich könnte versprechen, dich nie ganz zu verlassen"
"मैं वादा करता हूँ कि मैं तुम्हें कभी भी पूरी तरह से नहीं छोड़ूँगा ।
„aber ich habe so ein großes Verlangen, meinen Vater zu sehen"
"लेकिन मुझे अपने पिता को देखने की बहुत इच्छा है"
„Ich wäre unendlich verärgert, wenn Sie nein sagen würden"
"अगर आप नहीं कहते हैं तो मैं असंभव रूप से परेशान होऊंगा"
"Ich würde lieber selbst sterben", sagte das Monster
"मैं खुद मर गया था," राक्षस ने कहा

„Ich würde lieber sterben, als dir Unbehagen zu bereiten"

"मैं आपको बेचैनी महसूस कराने के बजाय मरना पसंद करूंगा"

„Ich werde dich zu deinem Vater schicken"

"मैं तुम्हें तुम्हारे पिता के पास भेजूँगा"

„Du sollst bei ihm bleiben"

"तुम उसके साथ रहोगे"

"und dieses unglückliche Tier wird stattdessen vor Kummer sterben"

"और यह दुर्भाग्यपूर्ण जानवर इसके बजाय दुःख से मर जाएगा"

"Nein", sagte die Schönheit weinend

"नहीं," ब्यूटी ने रोते हुए कहा

„Ich liebe dich zu sehr, um die Ursache deines Todes zu sein"

"मैं तुमसे इतना प्यार करता हूँ कि तुम्हारी मौत का कारण बन सकता हूँ।

„Ich verspreche Ihnen, in einer Woche wiederzukommen"

"मैं आपको एक सप्ताह में लौटने का वादा करता हूं"

„Du hast mir gezeigt, dass meine Schwestern verheiratet sind"

"आपने मुझे दिखाया है कि मेरी बहनें विवाहित हैं"

„und meine Brüder sind zur Armee gegangen"

"और मेरे भाई सेना में गए हैं"

"Lass mich eine Woche bei meinem Vater bleiben, da er allein ist"

"मुझे अपने पिता के साथ एक सप्ताह रहने दो, क्योंकि वह अकेला है"

"Morgen früh wirst du dort sein", sagte das Tier

"आप कल सुबह वहां होंगे," जानवर ने कहा

„Aber denk an dein Versprechen"

"लेकिन अपना वादा याद रखो"

„Sie brauchen Ihren Ring nur auf den Tisch zu legen, bevor

Sie zu Bett gehen."
"बिस्तर पर जाने से पहले आपको केवल अपनी अंगूठी एक मेज पर रखने की आवश्यकता है"
"Und dann werdet ihr vor dem Morgen zurückgebracht"
"और फिर तुम्हें सुबह होने से पहले वापस लाया जाएगा"
„Lebe wohl, liebe Schönheit", seufzte das Tier
"अलविदा प्रिय सौंदर्य," जानवर ने आह भरी
Die Schönheit ging an diesem Abend sehr traurig ins Bett
उस रात ब्यूटी बहुत उदास होकर सो गई
weil sie das Tier nicht so besorgt sehen wollte
क्योंकि वह बीस्ट को इतना चिंतित नहीं देखना चाहती थी
am nächsten Morgen fand sie sich im Haus ihres Vaters wieder
अगली सुबह उसने खुद को अपने पिता के घर पर पाया
sie läutete eine kleine Glocke neben ihrem Bett
उसने अपने बिस्तर के पास एक छोटी सी घंटी बजाई
und das Dienstmädchen stieß einen lauten Schrei aus
और दासी ने एक जोर की चीख दी
und ihr Vater rannte nach oben
और उसके पिता ऊपर भाग गए
er dachte, er würde vor Freude sterben
उसे लगा कि वह खुशी से मरने वाला है
er hielt sie eine Viertelstunde lang in seinen Armen
उसने उसे एक घंटे के लिए अपनी बाहों में रखा
irgendwann waren die ersten Grüße vorbei
अंततः पहला अभिवादन समाप्त हो गया
Schönheit begann daran zu denken, aus dem Bett zu steigen
सुंदरता बिस्तर से उठने के बारे में सोचने लगी
aber sie merkte, dass sie keine Kleidung mitgebracht hatte
लेकिन उसे एहसास हुआ कि वह कोई कपड़े नहीं लाई थी
aber das Dienstmädchen sagte ihr, sie habe eine Kiste

gefunden
लेकिन नौकरानी ने उसे बताया कि उसे एक बॉक्स मिला है
der große Koffer war voller Kleider und Kleider
बड़ा ट्रंक गाउन और कपड़े से भरा था
jedes Kleid war mit Gold und Diamanten bedeckt
प्रत्येक गाउन सोने और हीरे से ढका हुआ था
Schönheit dankte dem Tier für seine freundliche Pflege
ब्यूटी ने बीस्ट को उसकी तरह की देखभाल के लिए धन्यवाद दिया
und sie nahm eines der schlichtesten Kleider
और उसने सबसे सादे कपड़े में से एक लिया
Die anderen Kleider wollte sie ihren Schwestern schenken
वह अपनी बहनों को अन्य कपड़े देने का इरादा रखती थी
aber bei diesem Gedanken verschwand die Kleidertruhe
लेकिन यह सोचकर कपड़ों का संदूक गायब हो गया
Das Biest hatte darauf bestanden, dass die Kleidung nur für sie sei
बीस्ट ने जोर देकर कहा था कि कपड़े केवल उसके लिए थे
ihr Vater sagte ihr, dass dies der Fall sei
उसके पिता ने उसे बताया कि यह मामला था
und sofort kam die Kleidertruhe wieder zurück
और तुरंत कपड़ों का ट्रंक फिर से वापस आ गया
Schönheit kleidete sich mit ihren neuen Kleidern
ब्यूटी ने अपने नए कपड़े पहने
und in der Zwischenzeit gingen die Mägde los, um ihre Schwestern zu finden
और इस बीच नौकरानियां अपनी बहनों को खोजने गईं
Ihre beiden Schwestern waren mit ihren Ehemännern
उसकी दोनों बहनें अपने पतियों के साथ थीं
aber ihre beiden Schwestern waren sehr unglücklich
लेकिन उसकी दोनों बहनें बहुत दुखी थीं
Ihre älteste Schwester hatte einen sehr gutaussehenden

Herrn geheiratet
उसकी सबसे बड़ी बहन ने एक बहुत ही सुंदर सज्जन से शादी की थी
aber er war so selbstgefällig, dass er seine Frau vernachlässigte
लेकिन वह खुद से इतना प्यार करता था कि उसने अपनी पत्नी की उपेक्षा की
Ihre zweite Schwester hatte einen geistreichen Mann geheiratet
उसकी दूसरी बहन ने एक मजाकिया आदमी से शादी की थी
aber er nutzte seinen Witz, um die Leute zu quälen
लेकिन उसने लोगों को पीड़ा देने के लिए अपनी बुद्धि का इस्तेमाल किया
und am meisten quälte er seine Frau
और उसने अपनी पत्नी को सबसे ज्यादा सताया
Die Schwestern der Schönheit sahen sie wie eine Prinzessin gekleidet
ब्यूटी की बहनों ने उसे राजकुमारी की तरह कपड़े पहने देखा
und sie waren krank vor Neid
और वे ईर्ष्या से बीमार थे
jetzt war sie schöner als je zuvor
अब वो पहले से भी ज्यादा खूबसूरत हो चुकी थी
ihr liebevolles Verhalten konnte ihre Eifersucht nicht unterdrücken
उसका स्नेही व्यवहार उनकी ईर्ष्या को दबा नहीं सका
Sie erzählte ihnen, wie glücklich sie mit dem Tier war
उसने उन्हें बताया कि वह जानवर के साथ कितनी खुश थी
und ihre Eifersucht war kurz vor dem Platzen
और उनकी ईर्ष्या फूटने को तैयार थी
Sie gingen in den Garten, um über ihr Unglück zu weinen
वे अपने दुर्भाग्य के बारे में रोने के लिए बगीचे में चले गए
„Inwiefern ist dieses kleine Geschöpf besser als wir?"

"यह छोटा प्राणी हमसे किस तरह बेहतर है?"

„Warum sollte sie so viel glücklicher sein?"

"उसे इतना खुश क्यों होना चाहिए?"

„Schwester", sagte die ältere Schwester

"बहन," बड़ी बहन ने कहा

„Mir ist gerade ein Gedanke gekommen"

"एक विचार ने मेरे दिमाग को मारा"

„Versuchen wir, sie länger als eine Woche hier zu behalten"

"आइए हम उसे एक सप्ताह से अधिक समय तक यहां रखने की कोशिश करें"

„Vielleicht macht das das dumme Monster wütend"

"शायद यह मूर्ख राक्षस को क्रोधित करेगा"

„weil sie ihr Wort gebrochen hätte"

"क्योंकि उसने अपना शब्द तोड़ दिया होगा"

"und dann könnte er sie verschlingen"

"और फिर वह उसे खा सकता है"

"Das ist eine tolle Idee", antwortete die andere Schwester

"यह एक अच्छा विचार है," दूसरी बहन ने उत्तर दिया

„Wir müssen ihr so viel Freundlichkeit wie möglich entgegenbringen"

"हमें उसे जितना संभव हो उतना दया दिखानी चाहिए"

Die Schwestern fassten den Entschluss

बहनों ने इसे अपना संकल्प बनाया

und sie verhielten sich sehr liebevoll gegenüber ihrer Schwester

और उन्होंने अपनी बहन के साथ बहुत स्नेह से व्यवहार किया

Die arme Schönheit weinte vor Freude über all ihre Freundlichkeit

बेचारी सुंदरी अपनी सारी दयालुता से खुशी के मारे रो पड़ी

Als die Woche um war, weinten sie und rauften sich die Haare

जब सप्ताह समाप्त हो गया, तो वे रोए और अपने बाल फाड़ दिए
es schien ihnen so leid zu tun, sich von ihr zu trennen
वे उसके साथ भाग लेने के लिए बहुत खेद महसूस कर रहे थे
und die Schönheit versprach, noch eine Woche länger zu bleiben
और ब्यूटी ने एक सप्ताह अधिक रहने का वादा किया
In der Zwischenzeit konnte die Schönheit nicht umhin, über sich selbst nachzudenken
इस बीच, सौंदर्य खुद को प्रतिबिंबित करने में मदद नहीं कर सका
sie machte sich Sorgen darüber, was sie dem armen Tier antat
वह चिंतित थी कि वह गरीब जानवर के साथ क्या कर रही थी
Sie wusste, dass sie ihn aufrichtig liebte
वह जानती है कि वह ईमानदारी से उससे प्यार करती थी
und sie sehnte sich wirklich danach, ihn wiederzusehen
और वह वास्तव में उसे फिर से देखने के लिए तरस रही थी
Auch die zehnte Nacht verbrachte sie bei ihrem Vater
दसवीं रात उसने अपने पिता के घर भी बिताई
sie träumte, sie sei im Schlossgarten
उसने सपना देखा कि वह महल के बगीचे में थी
und sie träumte, sie sähe das Tier ausgestreckt im Gras liegen
और उसने सपना देखा कि उसने जानवर को घास पर बढ़ाया हुआ देखा
er schien ihr mit sterbender Stimme Vorwürfe zu machen
वह एक मरणासन्न आवाज में उसे फटकार लग रहा था
und er warf ihr Undankbarkeit vor
और उसने उस पर कृतघ्नता का आरोप लगाया
Schönheit erwachte aus ihrem Schlaf
सुंदरता नींद से जाग गई
und sie brach in Tränen aus

और वह फूट-फूटकर रोने लगी

„Bin ich nicht sehr böse?"

"क्या मैं बहुत दुष्ट नहीं हूँ?

„War es nicht grausam von mir, so unfreundlich gegenüber dem Tier zu sein?"

"क्या जानवर के प्रति इतना निर्दयी व्यवहार करना मेरे लिए क्रूर नहीं था?"

„Das Biest hat alles getan, um mir zu gefallen"

"जानवर ने मुझे खुश करने के लिए सब कुछ किया"

"Ist es seine Schuld, dass er so hässlich ist?"

"क्या यह उसकी गलती है कि वह इतना बदसूरत है?

„Ist es seine Schuld, dass er so wenig Verstand hat?"

"क्या यह उसकी गलती है कि उसके पास इतनी कम बुद्धि है?"

„Er ist freundlich und gut, und das genügt"

"वह दयालु और भला है, और यही काफी है"

„Warum habe ich mich geweigert, ihn zu heiraten?"

"मैंने उससे शादी करने से इनकार क्यों किया?

„Ich sollte mit dem Monster glücklich sein"

"मुझे राक्षस के साथ खुश होना चाहिए"

„Schau dir die Männer meiner Schwestern an"

"मेरी बहनों के पतियों को देखो"

„Weder Witz noch Schönheit machen sie gut"

"न तो विनोदी, न ही सुंदर होना उन्हें अच्छा बनाता है"

„Keiner ihrer Ehemänner macht sie glücklich"

"उनके पतियों में से कोई भी उन्हें खुश नहीं करता है"

„sondern Tugend, Sanftmut und Geduld"

"लेकिन सदाचार, स्वभाव की मिठास और धैर्य"

„Diese Dinge machen eine Frau glücklich"

"ये चीजें एक महिला को खुश करती हैं"

„und das Tier hat all diese wertvollen Eigenschaften"

"और जानवर के पास ये सभी मूल्यवान गुण हैं"

„es ist wahr, ich empfinde keine Zärtlichkeit und Zuneigung für ihn"
"यह सच है; मैं उसके लिए स्नेह की कोमलता महसूस नहीं करता "
„aber ich empfinde für ihn die allergrößte Dankbarkeit"
"लेकिन मुझे लगता है कि मेरे पास उसके लिए सबसे अधिक कृतज्ञता है"
„und ich habe die höchste Wertschätzung für ihn"
"और मेरे मन में उनका सर्वोच्च सम्मान है"
"und er ist mein bester Freund"
"और वह मेरा सबसे अच्छा दोस्त है"
„Ich werde ihn nicht unglücklich machen"
"मैं उसे दुखी नहीं करूँगा"
„Wenn ich so undankbar wäre, würde ich mir das nie verzeihen"
"अगर मैं इतना कृतघ्न होता तो मैं खुद को कभी माफ नहीं करता।
Schönheit legte ihren Ring auf den Tisch
ब्यूटी ने अपनी अंगूठी टेबल पर रख दी
und sie ging wieder zu Bett
और वह फिर से बिस्तर पर चली गई
kaum war sie im Bett, da schlief sie ein
सोने से पहले वह बिस्तर पर थी
Sie wachte am nächsten Morgen wieder auf
अगली सुबह वह फिर से उठा
und sie war überglücklich, sich im Palast des Tieres wiederzufinden
और वह खुद को जानवर के महल में पाकर बहुत खुश हुई
Sie zog eines ihrer schönsten Kleider an, um ihm zu gefallen
उसने उसे खुश करने के लिए अपनी सबसे अच्छी पोशाक पहन ली
und sie wartete geduldig auf den Abend
और वह धैर्यपूर्वक शाम का इंतजार करने लगी
kam die ersehnte Stunde

अंत में वांछित घड़ी आ गई

die Uhr schlug neun, doch kein Tier erschien

घड़ी में नौ बज गए, फिर भी कोई जानवर दिखाई नहीं दिया

Schönheit befürchtete dann, sie sei die Ursache seines Todes gewesen

ब्यूटी को तब डर था कि वह उसकी मौत का कारण थी

Sie rannte weinend durch den ganzen Palast

वह महल के चारों ओर रोती हुई दौड़ी

nachdem sie ihn überall gesucht hatte, erinnerte sie sich an ihren Traum

हर जगह उसकी तलाश करने के बाद, उसे अपना सपना याद आया

und sie rannte zum Kanal im Garten

और वह बगीचे में नहर की ओर भागी

Dort fand sie das arme Tier ausgestreckt

वहाँ उसने गरीब जानवर को फैला हुआ पाया

und sie war sicher, dass sie ihn getötet hatte

और उसे यकीन था कि उसने उसे मार डाला था

sie warf sich ohne Furcht auf ihn

उसने बिना किसी भय के खुद को उस पर फेंक दिया

sein Herz schlug noch

उसका दिल अभी भी धड़क रहा था

sie holte etwas Wasser aus dem Kanal

उसने नहर से थोड़ा पानी लाया

und sie goss das Wasser über seinen Kopf

और उसने उसके सिर पर पानी डाला

Das Tier öffnete seine Augen und sprach mit der Schönheit

जानवर ने अपनी आँखें खोलीं और ब्यूटी से बात की

„Du hast dein Versprechen vergessen"

'आप अपना वादा भूल गए'

„Es hat mir das Herz gebrochen, dich verloren zu haben"

"मैं तुम्हें खोने के लिए बहुत दिल टूट गया था"

„Ich beschloss, zu hungern"
"मैंने खुद को भूखा रखने का संकल्प लिया"
„aber ich habe das Glück, Sie wiederzusehen"
"लेकिन मुझे आपको एक बार फिर देखने की खुशी है"
„so habe ich das Vergnügen, zufrieden zu sterben"
"इसलिए मुझे संतुष्ट मरने की खुशी है"
„Nein, liebes Tier", sagte die Schönheit, „du darfst nicht sterben"
"नहीं, प्रिय जानवर," सौंदर्य ने कहा, "आपको मरना नहीं चाहिए।
„Lebe, um mein Ehemann zu sein"
"मेरे पति बनने के लिए जीना"
„Von diesem Augenblick an reiche ich dir meine Hand"
"इस क्षण से मैं तुम्हें अपना हाथ देता हूं"
„und ich schwöre, niemand anderes als Dein zu sein"
"और मैं तुम्हारी कसम खाता हूँ कि मैं कोई नहीं बल्कि तुम्हारा हूँ"
„Ach! Ich dachte, ich hätte nur Freundschaft für dich."
"काश! मुझे लगा कि मेरे पास आपके लिए केवल दोस्ती है "
"aber der Kummer, den ich jetzt fühle, überzeugt mich;"
"लेकिन अब मुझे जो दुःख महसूस हो रहा है, वह मुझे आश्वस्त करता है;"
„Ich kann nicht ohne dich leben"
"मैं तुम्हारे बिना नहीं रह सकता"
Schönheit hatte diese Worte kaum gesagt, als sie ein Licht sah
सौंदर्य दुर्लभ ने इन शब्दों को कहा था जब उसने एक प्रकाश देखा था
der Palast funkelte im Licht
महल रोशनी से जगमगा रहा था
Feuerwerk erleuchtete den Himmel
आसमान में आतिशबाजी जगमगा रही थी
und die Luft erfüllt mit Musik
और हवा संगीत से भर गई

alles kündigte ein großes Ereignis an
सब कुछ कुछ महान घटना की सूचना दी
aber nichts konnte ihre Aufmerksamkeit fesseln
लेकिन कुछ भी उसका ध्यान आकर्षित नहीं कर सका
sie wandte sich ihrem lieben Tier zu
वह अपने प्रिय जानवर की ओर मुड़ी
das Tier, vor dem sie vor Angst zitterte
वह जानवर जिसके लिए वह डर से कांपती थी
aber ihre Überraschung über das, was sie sah, war groß!
लेकिन उसने जो देखा उस पर उसका आश्चर्य बहुत अच्छा था!
das Tier war verschwunden
जानवर गायब हो गया था
stattdessen sah sie den schönsten Prinzen
इसके बजाय उसने सबसे प्यारे राजकुमार को देखा
sie hatte den Zauber beendet
उसने जादू का अंत कर दिया था
ein Zauber, unter dem er einem Tier ähnelte
एक जादू जिसके तहत वह एक जानवर जैसा दिखता था
dieser Prinz war all ihre Aufmerksamkeit wert
यह राजकुमार उसके सभी ध्यान के योग्य था
aber sie konnte nicht anders und musste fragen, wo das Biest war
लेकिन वह मदद नहीं कर सकी लेकिन पूछा कि जानवर कहाँ था
„Du siehst ihn zu deinen Füßen", sagte der Prinz
"आप उसे अपने पैरों पर देखते हैं," राजकुमार ने कहा
„Eine böse Fee hatte mich verdammt"
"एक दुष्ट परी ने मुझे दोषी ठहराया था"
„Ich sollte diese Gestalt behalten, bis eine wunderschöne Prinzessin einwilligte, mich zu heiraten."
"मुझे उस आकार में रहना था जब तक कि एक सुंदर राजकुमारी मुझसे शादी करने के लिए सहमत नहीं हो जाती"

„Die Fee hat mein Verständnis verborgen"
"परी ने मेरी समझ छिपाई"

„Du warst der Einzige, der großzügig genug war, um von meiner guten Laune bezaubert zu sein."
"आप केवल एक ही उदार थे जो मेरे स्वभाव की अच्छाई से मंत्रमुग्ध हो गए थे।

Schönheit war angenehm überrascht
सुंदरता खुशी से हैरान थी

und sie gab dem bezaubernden Prinzen ihre Hand
और उसने आकर्षक राजकुमार को अपना हाथ दिया

Sie gingen zusammen ins Schloss
वे महल में एक साथ चले गए

und die Schöne war überglücklich, ihren Vater im Schloss zu finden
और ब्यूटी अपने पिता को महल में पाकर बहुत खुश हुई

und ihre ganze Familie war auch da
उसका पूरा परिवार भी वहीं था

sogar die schöne Dame, die in ihrem Traum erschienen war, war da
यहां तक कि उसके सपने में दिखाई देने वाली खूबसूरत महिला भी वहां थी

"Schönheit", sagte die Dame aus dem Traum
"सुंदरता," सपने से महिला ने कहा

„Komm und empfange deine Belohnung"
"आओ और अपना प्रतिफल ग्रहण करो"

„Sie haben die Tugend dem Witz oder dem Aussehen vorgezogen"
"आपने बुद्धि या रूप पर गुण को प्राथमिकता दी है"

„und Sie verdienen jemanden, in dem diese Eigenschaften vereint sind"
"और आप किसी ऐसे व्यक्ति के लायक हैं जिसमें ये गुण एकजुट हैं"

„Du wirst eine großartige Königin sein"

"आप एक महान रानी बनने जा रहे हैं"

„Ich hoffe, der Thron wird deine Tugend nicht schmälern"

"मुझे आशा है कि सिंहासन आपके पुण्य को कम नहीं करेगा"

Dann wandte sich die Fee an die beiden Schwestern

फिर परी दोनों बहनों की ओर मुड़ी

„Ich habe in eure Herzen geblickt"

"मैंने तुम्हारे दिल के अंदर देखा है"

„und ich kenne die ganze Bosheit, die in euren Herzen steckt"

"और मैं जानता हूँ कि तुम्हारे मन में कितनी दुर्भावना है"

„Ihr beide werdet zu Statuen"

"तुम दोनों मूर्ति बन जाओगे"

„Aber ihr werdet euren Verstand bewahren"

"लेकिन आप अपना दिमाग रखेंगे"

„Du sollst vor den Toren des Palastes deiner Schwester stehen"

"तुम अपनी बहन के महल के द्वार पर खड़े रहोगे"

„Das Glück deiner Schwester soll deine Strafe sein"

"तेरी बहन की ख़ुशी तेरी सज़ा होगी"

„Sie werden nicht in Ihren früheren Zustand zurückkehren können"

"आप अपने पूर्व राज्यों में वापस नहीं जा पाएंगे"

„es sei denn, Sie beide geben Ihre Fehler zu"

"जब तक, आप दोनों अपनी गलतियों को स्वीकार नहीं करते"

„Aber ich sehe voraus, dass ihr immer Statuen bleiben werdet"

"लेकिन मुझे लगता है कि आप हमेशा मूर्तियां ही रहेंगे"

„Stolz, Zorn, Völlerei und Faulheit werden manchmal besiegt"

"अभिमान, क्रोध, लोलुपता और आलस्य पर कभी-कभी विजय प्राप्त

की जाती है"
„aber die Bekehrung neidischer und böswilliger Gemüter sind Wunder"
"लेकिन ईर्ष्यालु और दुर्भावनापूर्ण दिमाग का परिवर्तन चमत्कार है"
sofort strich die Fee mit ihrem Zauberstab
तुरंत परी ने अपनी छड़ी से एक झटका दिया
und im nächsten Augenblick waren alle im Saal entrückt
और एक पल में हॉल में जो कुछ भी था उसे ले जाया गया
Sie waren in die Herrschaftsgebiete des Fürsten eingedrungen
वे राजकुमार के प्रभुत्व में चले गए थे
die Untertanen des Prinzen empfingen ihn mit Freude
राजकुमार की प्रजा ने खुशी से उसका स्वागत किया
der Priester heiratete die Schöne und das Biest
पुजारी ने ब्यूटी एंड द बीस्ट से शादी की
und er lebte viele Jahre mit ihr
और वह उसके साथ कई वर्षों तक रहा
und ihr Glück war vollkommen
और उनकी खुशी पूरी हो गई
weil ihr Glück auf Tugend beruhte
क्योंकि उनकी खुशी पुण्य पर आधारित थी

Das Ende
समाप्त